TABLEAUX

ANCIENS

PROVENANT DE LA COLLECTION DE FEU

M. LE CHEVALIER DE KLINKOSCH

DE VIENNE

Me PAUL CHEVALLIER, commissaire-priseur

MM. FÉRAL PÈRE ET FILS, experts

EXEMPLAIRE DE H. STETTINER

CATALOGUE

DES

TABLEAUX ANCIENS

PAR OU ATTRIBUÉS A

Van Alst, Bellotto, Van Beyeren, Van den Bosch, Boucher
Breughel, Bronzino, Carpioni, G. Cuyp, Dorigny
Drouais, G. Flinck, Von Hamilton, Héda, M. de Hondekoeter
Van der Laanen, Jean Leduc, Lingelbach, Marchoni, Metzu, Molenaer
P. Molyn, Moreelse, R. Ruysch, Van Schuppen
Téniers, Tiepolo, Tischbein, Verkolie, J. de Witt

PROVENANT DE LA COLLECTION DE FEU

M. LE CHEVALIER DE KLINKOSCH

DE VIENNE

ET DONT LA VENTE AURA LIEU

HOTEL DROUOT, SALLE N° 6

Le Vendredi 17 Décembre 1897

A TROIS HEURES

COMMISSAIRE-PRISEUR	EXPERTS
Mᶜ PAUL CHEVALLIER	**MM. FÉRAL Père & Fils**
10, rue de la Grange-Batelière, 10	54, Faubourg-Montmartre, 54

EXPOSITION PUBLIQUE

Le Jeudi 16 Décembre 1897, de 1 heure 1/2 à 5 heures 1 2

CONDITIONS DE LA VENTE

Elle sera faite au comptant.

Les acquéreurs paieront *cinq pour cent* en sus des adjudications.

Paris. — Imp. de l'Art, E. Moreau et Cⁱᵉ, 41, rue de la Victoire.

DÉSIGNATION

ALST (Évrard Van)

1 — *Fruits.*

Des citrons, des raisins, des cerises, etc., le tout attaché par un ruban bleu et suspendu à un mur.

Toile. Haut., 74 cent.; larg., 55 cent.

BARROCHIO (Attribué à)

2 — *La Sainte Famille.*

Bois. Haut., 35 cent.; larg., 29 cent.

BEELDEMACKER

3 — *Chiens attaquant un renard.*

Signé à droite.

Toile. Haut., 44 cent.; larg., 58 cent.

BELLOTTO (Bernard)

4 — *Vue de Venise.*

Au centre, un canal sillonné par des gondoles et animé de personnages. A droite et à gauche, une église et des maisons, les unes vivement éclairées par le soleil, d'autres dans la pénombre.

Très bon tableau d'une parfaite conservation.

Toile. Haut., 72 cent.; larg., 1 m. 10 cent.

BEYEREN (Attribué à Van)

5 — *Poissons sur une table.*

Au centre, des crustacés dans un panier d'osier posé auprès de différents autres poissons.

Toile. Haut., 96 cent.; larg., 74 cent.

BOSCH (Balthazar Van den)

6 — *Intérieur d'une galerie.*

Une, grande quantité de tableaux de toutes les Écoles, au nombre desquels on remarque la *Danaé*, du Corrège, et des œuvres de Peter Neefs, P. Bril, Daniel Seghers, couvrent les murs d'une grande salle éclairée par deux fenêtres se trouvant sur la gauche.
Signé à droite.

Bois. Haut., 81 cent.; larg., 1 m. 20 cent.

BOUCHER (École de)

7 — *Vénus et l'Amour.*

La déesse est étendue sur un lit de repos, vue de profil ; un petit amour est occupé auprès d'elle.

Toile. Haut., 75 cent.; larg., 95 cent.

BREUGHEL (le vieux)

8 — *Incendie.*

Au premier plan, un guerrier emporte un vieillard accompagné par un amour.

Bois. Haut., 82 cent.; larg., 63 cent.

BRONZINO (Allori dit le)

9 — *Portrait d'un Membre de la famille de Médicis.*

Vu à mi-corps en vêtement noir et collerette plissée.

Bois. Haut., 58 cent.; larg., 47 cent.

CARPIONI

10 — *Offrande à Cérès.*

Une jeune femme, agenouillée devant l'autel de la déesse, lui présente des fruits. Deux grands prêtres se tiennent debout près du socle de la statue. Plusieurs autres figures, parmi lesquelles deux femmes portant des cruches, complètent la composition.

Toile. Haut., 1 m. 20 cent.; larg., 1 m. 42 cent.

CARPIONI

PENDANT DU PRÉCÉDENT

11 — *Sujet historique.*

Un jeune seigneur présente sa fiancée à un guerrier assis sous une tente, entouré de ses serviteurs. Au second plan, un cavalier porte un drapeau. A droite, un nègre sert de page à la jeune femme.

Toile. Haut., 1 m. 20 cent.; larg., 1 m. 42 cent.

CUYP (École de Géritz)

12 — *Portrait d'Homme.*

Il porte une collerette et un plastron de fer sur un habit de drap brodé d'or.

Toile. Haut., 55 cent.; larg., 44 cent.

DECAMPS (Attribué à)

13 — *Un Réveillon chez Momus.*

Des singes habillés à la mode du temps, et figurant les caricatures de personnages de l'époque, sont réunis autour d'une table où ils brûlent du punch.

Aquarelle. Haut., 30 cent.; larg., 21 cent.

DORIGNY (Louis)

14 — *Le Temps découvrant la Vérité.*

Importante composition allégorique.
Signée en toutes lettres.

Toile. Haut., 1 m. 47 cent.; larg., 1 m. 94 cent.

DROUAIS (Jean Germain)

15 — *Vieillard en buste.*

Étude académique.

Toile. Haut., 65 cent.; larg., 47 cent.

DURER (D'après Albert)

16 — *Le Chevalier de Togenburg.*

Bois. Haut., 30 cent.; larg., 26 cent.

FLINK (Attribué à Govaert)

17 — *Les Vendangeurs.*

Debout, dans leurs vignes.
Bonne peinture.

Toile. Haut., 1 m. 14 cent.; larg., 1 m. 20 cent.

FRANCK

18 — *La Présentation au Temple.*

Cuivre. Haut., 40 cent.; larg., 30 cent.

GOYEN (Attribué à JEAN VAN)

19 — *La Forteresse.*

Au premier plan, un cours d'eau.

Bois. Haut., 27 cent.; larg., 42 cent.

GRIMOUX (Attribué à JEAN)

20 — *Portrait de Jeune homme.*

En buste, coiffé d'un chapeau rouge, le haut du visage dans la pénombre.

Toile. Haut., 51 cent.; larg., 45 cent.

HAMILTON (PHILIPPE F. VON)

21 — *Fruits et Gibier.*

Un lièvre suspendu par la patte auprès d'un vase de marbre, un canard, une perdrix et une bécasse posés à terre. Un cantaloup, des raisins et une pêche groupés sur un socle.

Toile. Haut., 1 m. 2 cent.; larg., 84 cent.

HÉDA

(DEUX PENDANTS)

22-23 — *Objets divers posés sur une table.*

Dans l'un, un jambon entamé, une cafetière, un verre de bière et un pain ; dans l'autre, un pâté à demi coupé, un citron dans un plat, une cafetière, etc.

Fines peintures, signées en toutes lettres.

Bois. Haut., 25 cent.; larg., 32 cent.

HELST (Attribué à B. Van der)

24 — *Portrait présumé de Gustave-Adolphe.*

Vu à mi-corps, debout, coiffé d'un chapeau à larges bords, vêtu d'un habit jaune à rubans et à ceinture bleus, la main droite sur la hanche, l'épée au côté.

Cadre en bois sculpté.

Toile. Haut., 95 cent.; larg., 75 cent.

HONDEKOETER (M. de)

25 — *Oiseaux de basse-cour.*

Un coq et des canards avec leurs petits sont réunis au bord d'une mare.

Signé à gauche.

Toile. Haut., 96 cent.; larg., 77 cent.

KLOMP

26 — *Pâturage.*

Au premier plan, un homme, occupé à traire une vache, cause avec une femme. Dans le fond, un paysan amène un cheval; plus loin, un village entouré d'arbres.

Bois. Haut., 45 cent.; larg., 60 cent.

KONING (Attribué à Salomon de)

27 — *Un Vieux Rabbin.*

En buste, la tête coiffée d'un turban, couvert d'un manteau retenu par une riche agrafe d'or.

Toile. Haut., 57 cent.; larg., 46 cent.

LAANEN (Van der)

28 — *Réunion galante.*

Des officiers et des dames, réunis dans un salon, causent, boivent et font de la musique.

Toile. Haut.. 65 cent., larg., 78 cent.

LEDUC (Jean)

29 — *Le Corps de garde.*

Des soldats jouent aux dés sur leur tambour ; d'autres sont debout auprès d'une cheminée.

Bois. Haut., 64 cent.; larg., 50 cent.

LINGELBACH

30 — *Port de mer.*

Des hommes du port sont au repos sur un pont, près duque deux bateaux sont amarrés. Sur la gauche, un pont reliant une tour fortifiée.

Signé en toutes lettres.

Toile. Haut., 85 cent.; larg., 73 cent.

MARCHONI (Rochus)

31 — *Le Christ et la Femme adultère.*

Intéressante composition dans la manière du Titien.

Signé en toutes lettres.

Bois. Haut., 1 m. 34 cent.; larg., 1 m. 70.

MENGS (Genre de Raphael)

32 — *Portrait d'homme.*

Vu à mi-corps, en habit jaune brodé, jabot de dentelles, manteau rouge, il porte une perruque poudrée.

Toile. Haut., 82 cent.; larg., 66 cent.

METZU (D'après)

33 — *La Marchande de poissons.*

> Bois. Haut., 20 cent.; larg., 24 cent.

MOLENAER (J. M.)

34 — *Les Buveurs.*

> L'un d'eux, assis sur une table, lève un verre à la santé de ses compagnons.
> Signé à gauche.

> Bois. Haut., 23 cent.; larg., 18 cent.

MOLYN (Genre de PIETER)

35 — *Entrée d'un bois.*

> Au centre, des villageois sont arrêtés au bord d'un chemin. A droite, une palissade.

> Toile. Haut., 38 cent.; larg., 52 cent.

MOMMERS

36 — *Marché aux environs de Rome.*

> Des femmes sont groupées auprès de vieilles constructions italiennes. Les unes vendent des légumes, les autres du poisson.

> Toile. Haut., 55 cent.; larg., 70 cent.

MOREELSE (Attribué à)

37 — *Portrait d'une Dame hollandaise.*

> Debout, vêtue d'une robe noire richement brodée d'or, elle porte un bonnet et des manchettes de guipure, et une collerette plissée.

> Toile. Haut., 1 m. 05 cent.; larg., 75 cent.

PIAZETTA

38 — *Portrait d'un Artiste de l'époque.*

A mi-corps, tête nue, en habit vert garni de fourrures.

Toile. Haut., 59 cent.; larg., 47 cent.

POUSSIN (École de)

39 — *Le Déluge.*

Une multitude de figures se réfugient sur des rochers, fuyant l'eau qui les menace. Au ciel, un mauvais génie souffle la tempête.

Toile. Haut., 1 m. 65 cent.; larg., 1 m. 32 cent.

POUSSIN (École de)

PENDANT DU PRÉCÉDENT

40 — *Sujet biblique.*

Au centre, un homme est étendu sur un lit de repos, au-dessus duquel voltigent des amours tenant des fleurs. Auprès de lui, un grand nombre de personnages, les uns étendus à terre, d'autres se détachant sur des rochers se répandent en lamentations. A droite, une déesse, les ailes déployées, est posée sur un nuage.

Toile. Haut., 1 m. 65 cent.; larg., 1 m. 32 cent.

ROOS (de Francfort)

41 — *Le Repos des bergers.*

Ils sont auprès d'une fontaine, faisant halte avec leurs animaux.

Toile. Haut., 60 cent.; larg., 84 cent.

ROSA (Salvator)

42 — *Portrait d'un Guerrier.*

Vu de dos, il porte une cuirasse, un casque orné de plumes, et tient une lance.

Toile. Haut., 95 cent.; larg., 75 cent.

RUTHART

(DEUX PENDANTS)

43 — *La Chasse au lion.*

44 — *La Chasse au tigre.*

Dans chacune des deux compositions, les chiens se sont jetés sur les bêtes féroces, qui se défendent avec acharnement dans des paysages boisés.

Toiles. Haut., 90 cent.; larg., 1 m. 35 cent.

RUYSCH (RACHEL)

45 — *Guirlande de fleurs.*

Entourant un mascaron de pierre où on lit cette inscription : *Nul ne peut abattre ce que Dieu élève.*
Belle peinture d'un brillant coloris.
Signée en toutes lettres.

Toile. Haut., 1 m. 57 cent.; larg., 1 m. 20 cent.

SEYBOLD (Attribué à)

46 — *Portrait d'une Femme âgée.*

Assise auprès d'une table couverte d'un tapis de Turquie, elle tient un livre et ses bésicles.

Toile. Haut., 82 cent.; larg., 66 cent.

SCHUPPEN (VAN)

47 — *Portrait de l'Artiste.*

Il s'est représenté debout, coiffé d'un chapeau de paille, vêtu d'un gilet rouge et d'un habit bleu, le bras gauche tenant un panier de fruits qu'il pose sur une console de marbre.
Belle peinture d'un coloris chaud et brillant.
Signée et datée, à gauche, sur un socle.

Toile. Haut., 1 m. 15 cent ; larg., 94 cent.

TÉNIERS (Père)

48 — *Cour de ferme.*

Au premier plan, un troupeau de moutons et deux vaches conduits par des bergers. Au centre, un paysan porte une bêche. A gauche, une villageoise puise de l'eau à un puits auprès duquel des légumes sont posés à terre. Au fond, des bâtiments couverts en chaumes et de nombreux fermiers occupés à différents travaux.

Toile. Haut., 95 cent.; larg., 1 m. 37 cent.

TÉNIERS (D'après David)

49 — *Entrée du village.*

Un groupe de paysans causent sur un chemin. Au fond, on aperçoit un village.

Toile. Haut., 25 cent.; larg., 35 cent.

TIÉPOLO (Dominique)

50 — *Le Passage de la mer Rouge.*

Composition animée d'un grand nombre de figures.

Toile. Haut., 1 m. 10 cent.; larg., 1 m. 65 cent.

TISCHBEIN (Attribué à)

51 — *Portrait de Jeune femme.*

En buste, vêtue d'une robe blanche décolletée et d'un châle vert.

Toile. Haut., 55 cent.; larg., 42 cent.

VELASQUEZ (Attribué à)

52 — *Les Corsaires.*

Ils sont dans un bateau sur une mer houleuse.

Toile. Haut., 62 cent.; larg., 1 m. 3 cent.

VELASQUEZ (ÉCOLE DE)

53 — *Portrait de Jeune fille.*

Debout, vêtue d'une robe à ramages et d'un corsage de velours rouge avec broderies d'or. Coiffée d'un bonnet noir, elle a autour du cou un collier de chaînes d'or ; un large ruban noir est noué sur sa poitrine. Elle tient sur sa main droite une, perruche.

Toile. Haut., 68 cent.; larg., 48 cent.

VERKOLIE (ÉCOLE DE)

54 — *Vertumne et Pomone.*

Assises dans un paysage.

Toile. Haut., 79 cent.; larg., 88 cent.

WET (JACOB DE)

55 — *Éléazar demande Rebecca pour Isaac.*

La jeune fille est agenouillée au pied d'un escalier, entourée de ses serviteurs, ayant devant elle des vases d'or et d'argent. Dans le ciel, un ange apparaît posé sur un nuage.
Bon tableau signé en toutes lettres.

Toile. Haut., 76 cent.; larg., 62 cent.

WITT (JACOB DE)

56 — *La Musique.*

Composition allégorique représentant une Muse pinçant de la mandoline, entourée d'Amours jouant de différents instruments.
Dessus de porte en camaïeu bleu.

Toile. Haut., 79 cent.; larg., 97 cent.

WITT (JACOB DE)

57 — *Les Vendanges.*

Des Amours sont groupés tenant des raisins, une torche et une faucille.
Dessus de porte imitant un bas-relief.

Toile. Haut., 54 cent.; larg., 65 cent.

ZEITBLOOM (ÉCOLE DE)

58 — *L'Ensevelissement.*

> Plusieurs personnages enterrent une sainte.
> Peinture sur fond d'or.

> Bois. Haut., 53 cent.; larg., 49 cent.

ZEITBLOOM (ÉCOLE DE)

59 — *Le Repas des Pèlerins.*

> Bois. Haut., 54 cent.; larg., 47 cent.

ÉCOLE ANGLAISE

60 — *Portrait d'un Acteur.*

> En buste, coiffé d'une perruque blonde bouclée.
> Vigoureuse peinture.

> Toile. Haut., 40 cent.; larg., 37 cent.

ÉCOLE ALLEMANDE

61 — *Le Baptême du Christ.*

> Bois. Haut., 74 cent.; larg., 30 cent.

ÉCOLE ALLEMANDE

DEUX PENDANTS

62-63 — *Portraits de Gentilshommes.*

> Ils portent d'abondantes perruques et des costumes d'apparat.

> Toiles. Haut., 77 cent.; larg., 59 cent.

ÉCOLE HOLLANDAISE

64 — *Portrait de Jeune fille.*

Vêtue d'une robe blanche décolletée et tenant des fleurs.

Toile ovale. Haut., 69 cent.; larg., 56 cent.

ÉCOLE HOLLANDAISE

65 — *Tête de femme.*

En buste, coiffée d'un bonnet.

Bois. Haut., 31 cent.; larg., 25 cent.

ÉCOLE HOLLANDAISE

66 — *Le Vieux Savant.*

Toile. Haut., 22 cent.; larg., 15 cent.

ÉCOLE ITALIENNE

67 — *Portrait d'un Gentilhomme.*

Il porte une cuirasse et une collerette de guipure.
On lit dans le haut : *Il signor Comte d'Arcurt.* — *N. L.*

Toile. Haut., 58 cent.; larg., 47 cent.

---

68 — *L'Apothéose de Louis XVI.*

Gravure en couleur par Bartolozzi, d'après Hamilton.

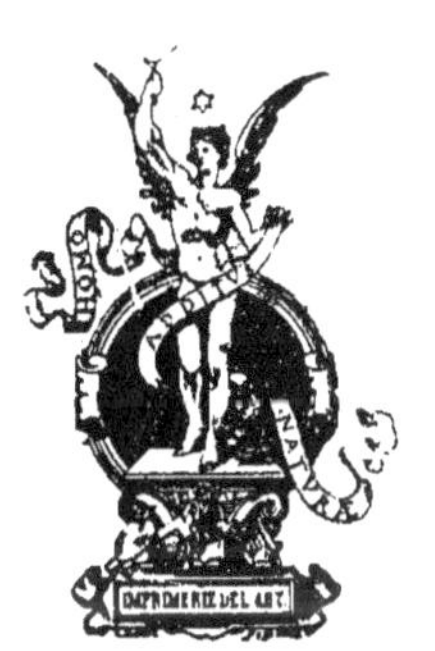
IMPRIMERIE DE L'ART